Text von Katrin Eisenhuth

Illustrationen von Vera Schmidt

Auf die Plätze, fertig, wuff...!!!

Lustiges Lehrbuch vom richtigen Umgang mit Hunden

Sigrid Böhme Verlag

Wichtiger Hinweis

Die Gedanken, Methoden, Vorgehensweisen, Hintergründe und Anregungen in diesem Buch stellen die Meinung bzw. Erfahrung der Autorin dar. Sie wurden von der Autorin nach bestem Wissen erstellt und mit größtmöglicher Sorgfalt recherchiert und überprüft. Sie bieten jedoch keinesfalls Ersatz für kompetenten tiermedizinischen bzw. tierpsychologischen Rat. Jede Leserin, jeder Leser ist für das eigene Tun und (Unter)lassen auch weiterhin selbst verantwortlich. Insbesondere verweist die Autorin darauf, dass – trotz sorgfältiger Überprüfung – Reaktionen von Tieren und/oder Kindern nicht vorhersehbar sind. Daher erfolgen Angaben in diesem Buch ohne jegliche Gewährleistung oder Garantie seitens des Verlages oder der Autorin. Die Autorin und/oder der Verlag übernehmen für eventuelle Nachteile oder Schäden, die aus den im Buch gegebenen praktischen Hinweisen resultieren, keine Haftung.

Katrin Eisenhuth und Sigrid Böhme

Veröffentlicht 2009 im Sigrid Böhme Verlag
Selters (Taunus) / Deutschland
3. Auflage: 2016
Copyright © 2009 Sigrid Böhme Verlag
Text: © 2009 Katrin Eisenhuth, www.dogs4kids.de
Illustrationen: © 2009 Vera Schmidt, www.veraschmidt-illustration.com
Umschlaggestaltung: Vera Schmidt
Druck und Bindung: CPI books GmbH, Ulm
Printed in Germany
ISBN-10   3-9811229-6-8
ISBN-13   978-3-9811229-6-1

www.sigrid-boehme-verlag.de

Bevor es losgeht, möchten die Leute, die dieses Buch gedruckt haben, Euch die beiden Autorinnen vorstellen.

Katrin Eisenhuth hat die Texte geschrieben

Katrin Eisenhuth, geboren 1968, Diplom-Betriebswirtin, studierte Tierpsychologie in den Bereichen Pferd und Hund bei der Akademie für Tiernaturheilkunde ATN AG. Im Anschluss daran rief sie Dogs4kids ins Leben. Sie lebt mit ihren beiden Hunden Lissy und Toby in der Nähe von Frankfurt am Main.

Vera Schmidt hat für Euch gemalt

Vera Schmidt, geboren 1974, besuchte nach dem Abitur die Freie Kunstwerkstatt München und studierte danach an der Fachhochschule Augsburg Kommunikationsdesign. Nach 6 Jahren Art Direktor in der Werbeagentur Saatchi & Saatchi kehrte sie zu ihrer Liebe, dem

Zeichnen und Malen, zurück und arbeitet seitdem als Illustratorin für Verlage, Firmen und Werbeagenturen.

Inhalt

Hey Kids!!! Toll, dass Ihr hier seid, um etwas über Hunde zu erfahren. Ich bin übrigens Toby, der Hundepolizist, und bringe Euch alles bei, was Ihr über uns Fellnasen wissen solltet. Das heißt, Ihr sollt lernen, wie Ihr Euch am besten gegenüber Hunden verhaltet, damit Euch nichts passiert. Außerdem zeige ich Euch ganz tolle Spiele, damit Ihr ganz viel Spaß habt mit meinen vierbeinigen Kumpels und das Gassigehen das Coolste auf der Welt wird. Und wenn Ihr das alles gelernt habt, dann erzähle ich Euch noch ein paar schöne Geschichten, „Hundegeschichten" natürlich!!! Aber genug gequatscht, jetzt sollt Ihr nicht länger warten.

Auf die Plätze, fertig, wuff…!!!

1

Wetten, dass Ihr gleich mehr über Hunde wisst als Eure Eltern?

Jetzt erzähle ich Euch etwas, was nicht viele Menschen wissen. Aufgepasst…

Von welchem Tier stammt wohl der Hund ab? Das heißt, welches Tier ist sein Ur-ur-ur-ur-ur-ur-…Opa?

a)   Ist es der Säbelzahntiger?

b)   Ist es vielleicht der Fuchs?

c)   Oder stammt der Hund vom Schwein ab?

d)   Ist vielleicht der Wolf sein Vorfahr?

Schreibt Eure Antwort mal hier auf:

_____

Ich will Euch ja gar nicht länger auf die Folter spannen: Es ist der Wolf!!!

Oh je, jetzt kennt Ihr bestimmt alle die Geschichte vom Rotkäppchen: Der „böse Wolf" frisst die Großmutter und das Mädchen mit der roten Kappe. Oder Ihr kennt vielleicht das Lied „Wer hat Angst vorm bösen Wolf"? Aber ist der Wolf denn wirklich so böse?

Ganz im Gegenteil: Wölfe sind eher friedvolle Tiere, die den Menschen lieber aus dem Weg gehen. Sie leben in der Regel sehr zurückgezogen in einer großen Familie, ihrem Rudel, und kümmern sich um ihre Kinder, die man Welpen nennt.

Und dennoch können sie Euch Menschen gefährlich werden – schließlich haben sie ganz schön scharfe Zähne, denen ich lieber nicht begegnen möchte. Und diese Zähne setzen sie auch ein, zum Beispiel dann, wenn wir vor ihnen flüchten und sie meinen, wir wären eine Beute zum Jagen, oder wenn wir sie in die Enge treiben und sie keine andere Möglichkeit mehr sehen, als sich zu verteidigen.

Rotkäppchen ist also im wahrsten Sinne des Wortes ein Märchen. Es gibt auch noch ganz andere Geschichten über den Wolf. Soll ich Euch eine erzählen?

Die Sage von „Romulus und Remus"

Amulius war ein böser Mann, der sich einfach selbst zum Herrscher eines Königreichs ernannt hatte. Eigentlich hatte nicht er das Anrecht auf den Thron, sondern zwei Zwillingskinder: Romulus und Remus. Amulius ließ deren Mutter ins Gefängnis werfen und die beiden Babys sollten sterben, damit ihm keiner mehr seinen Thron streitig machen konnte.

Böse, wie er war, ließ er Romulus und Remus in einer Wanne in den Fluss Tiber setzen, damit sie in ihm ertrinken. Doch die beiden Kinder starben nicht wie vorgesehen, sondern blieben in dem flachen Uferwasser an einem Feigenbaum hängen. Die Wanne kippte um und die beiden Jungen fingen fürchterlich an zu schreien.

Dies hörte eine Wölfin. Sie erblickte die beiden Kinder, trug sie behutsam in ihre Höhle und leckte sie erst einmal sauber. Dann durften die beiden Zwillinge an ihren Zitzen nach Milch saugen und brauchten so nicht zu verhungern. Die Kinder waren gerettet!

Wenig später sah ein Hirte die Wölfin mit den Zwillingen. Er bettete die beiden Kinder in seinen Armen und brachte sie zu sich nach Hause, wo sie glücklich unter dem Hirtenvolk aufwuchsen.

Als aus den beiden Zwillingen große Männer geworden waren, erfuhren sie von der bösen Tat des Amulius. Sie schworen Rache, stürmten den Palast, töteten Amulius und setzten ihren Großvater auf den Thron. Zum Dank erhielten sie die Erlaubnis, an der Stelle, an der sie ausgesetzt worden waren, eine Stadt zu gründen. Und jetzt dürft Ihr raten, welche Stadt das war.

Ich gebe Euch drei Tipps: Die Stadt liegt in Italien, heißt so ähnlich wie der Zwilling „Romulus" und Asterix und Obelix kämpfen am liebsten gegen ihre Einwohner.

Okay, dann überlegt mal kurz:

Auf die Plätze, fertig, wuff…!!!

Welche Stadt ist gemeint???

Rom

Die Lösung steht auf Seite 96.

Aber wie ist denn nun der Hund entstanden?

Viele kluge Köpfe haben sich schon ihr Hirn zermartert, wie sich der Hund aus dem Wolf entwickelt hat. Möglich ist, dass es sich so zugetragen hat:

Vor circa 14.000 Jahren, also in der Eiszeit, muss es eine Frau gegeben haben, die kleine Wolfswelpen zu sich nahm, weil die Wolfsmutter verstorben war. Sie selbst hatte kleine Kinder zu Hause, die bestimmt gerne mit den Welpen spielen würden. So zog sie ⟨ e Welpen groß, indem sie ihnen auch die Brust gab, damit sie Milch zum Überleben hatten. Die Frau erkannte schnell, dass die Wolfswelpen nicht nur tolle Spielkameraden für ihre Kinder waren, sondern auch ein klasse Windelersatz. Die kleinen Wölfe leckten nämlich den Popo von ihren Kindern sauber und verhinderten somit Krankheiten und Entzündungen.

Wenn eine Gefahr drohte, so zeigten das die Wölfe sofort an. Aber jetzt glaubt ja nicht, dass sie wie Hunde anfingen zu bellen – nein, ganz im Gegenteil: Wenn es gefährlich wurde, dann hörten die kleinen Wolfswelpen sofort auf zu spielen, wurden ganz unruhig und versuchten sich zu verstecken.

Auch Essensreste, die normalerweise Ungeziefer anzogen, lagen nicht mehr im Lager rum, sondern wurden von den kleinen Vierbeinern aufgefressen.

Wenn es sehr kalt war, konnte man sich prima an sie ran-kuscheln, wie bei einer Wärmflasche. Und – so schlimm das auch klingen mag – wenn eines der Welpen verstorben war, diente es der Familie immer noch als Mahlzeit.

Nicht alle jungen Wölfe blieben bei den Menschen, einige wurden wieder sehr scheu und gingen zu den wild lebenden Wölfen zurück, aber andere blieben da. So fingen die Menschen an, immer nur die freundlichsten und zahmsten Wölfe bei sich zu behalten und diese bekamen wieder kleine Welpen. Davon gingen wieder ein paar weg, um als wildes Tier zu leben, aber andere wollten bei den Menschen bleiben. Im Laufe der Jahre wurde so aus der ursprünglichen Wildform „Wolf" ein freundlicher und zahmer Kamerad, der nicht nur den Müttern im Haushalt und bei den Kindern half, sondern auch den Vätern bei der Jagd oder beim Hüten von Vieh zur Seite stand. Mittlerweile sahen sie schon gar nicht mehr wie Wölfe aus. Es gab welche, die ganz klein und struppig waren, und andere mit langem Fell, die sogar größer als ein Wolf waren. Kurz gesagt: Der Hund war entstanden.

Übrigens: Es gibt heute noch Urvölker auf der Erde, deren Frauen Hundewelpen von ihrer Brust trinken lassen und ihr Kind und das Welpenjunge gemeinsam aufziehen. Sie wollen auch heute noch, wie die Frau vor 14.000 Jahren, den Hund als Spielgefährten, Windelersatz, Babysitter, „Wärmflasche" und „Mülleimer" für Essensreste nutzen.

Was ich Euch aber auch sagen möchte und das ist ganz, ganz, ganz wichtig:

Der Hund stammt, wie Ihr nun wisst, vom Wolf ab und er ist in seinem tiefsten Innern immer noch ein Wolf, also verhält er sich immer noch wie ein Raubtier. Das dürft Ihr niemals vergessen!!! Ein Unterschied ist jedoch, dass sich der Hund, wie wir ihn kennen, nicht wie ein erwachsener Wolf verhält, sondern eher wie ein junger Wolf.

So, und jetzt geht Ihr mal zu Euren Eltern und stellt ihnen die folgenden Fragen. Ich weiß nun, dass Ihr sie alle beantworten könnt, aber auch Eure Eltern? Probiert es einfach mal aus. Die Lösungen findet Ihr auf Seite 96.

Auf die Plätze, fertig, wuff...!!!

1. Von welchem Tier stammt der Hund ab?

2. Welches Wort passt am besten zum Wolf?

   a) böse   b) scheu

3. Wer rettete Romulus und Remus vor dem Ertrinken?

4. Welche Stadt wurde von Romulus gegründet?

5. Vor wie vielen Jahren entstand der Hund?

6. Wie nannte man diese Zeit?

7. Warum brachte vor vielen, vielen Jahren eine Frau Wolfswelpen mit nach Hause? Was haben diese Welpen alles gemacht?

8. Was trifft zu? Ein Hund ist

   a) ein Kuscheltier,   b) ein Raubtier,

   c) wie ein jung gebliebener Wolf.

Na, und wie haben Eure Eltern abgeschnitten? Gebt ihnen hier mal eine Note:

Wenn Ihr Lust habt, stellt die gleichen Fragen auch mal Eurer Klassenlehrerin oder Eurem Klassenlehrer.

Ui, das war aber jetzt viel, was Ihr über den Hund erfahren habt. Jetzt brauche ich erst einmal eine Pause…

Findet Ihr nicht auch, dass ich ein bisschen blass aussehe? Ihr würdet mir einen großen Gefallen tun, wenn Ihr mich, solange ich ein wenig schlafe, ein bisschen anmalt. Danke schön!!!

Na, seid Ihr wieder fit wie ein Turnschuh? Dann kann's ja jetzt weitergehen:

Auf die Plätze, fertig, wuff…!!!

2

Die Hundesprache – eine Geheimsprache?

Also, was ich Euch schon immer mal sagen wollte: „Wau-wau, wuff, wuff, wuff, wau, …"

Na, alles klar oder habt Ihr nur „Bahnhof" verstanden? Keine Angst, ich werde Euch jetzt bestimmt nicht beibringen, wie man bellt. Das ist nämlich gar nicht so wichtig, denn, ganz ehrlich, wir Hunde bellen zwar gerne, aber wir können auch knurren, winseln, heulen, genüsslich brummeln und so weiter, und so weiter… Das Bellen ist also nur eines von vielen Lauten, die wir von uns geben können.

Ich gebe zu, das Bellen kann manchmal schon ganz schön laut sein, aber Ihr braucht davor keine Angst haben. Bellen kann für uns ein Zeichen der Freude und auch der Warnung sein. Eigentlich so wie bei Eurer Stimme: Ihr könnt ja auch aus Freude schreien, aber auch dann, wenn Euch etwas wehtut, Ihr Angst habt oder Ihr mit jemandem schimpft. Also ist unser Bellen genau wie Eure Stimme einfach nur ein Mittel, uns zu verständigen.

Aber es ist nicht so, dass wir uns nur durch Bellen, Knurren, Winseln und Heulen verständigen, also mit unserer Stimme. So machen das hauptsächlich die Menschen, aber nicht wir Hunde. Nein, vielmehr unterhalten wir uns mit unserem Schwanz, unseren Ohren, unseren Augen, unserem Maul, unserer

Nase, ja eigentlich mit unserem ganzen Körper. Und wie nennt man das, wenn man nur aufgrund von Körpersignalen miteinander „redet"? Richtig, die „Körpersprache". Das ist also unsere Geheimsprache! Absolut cool, sage ich Euch, so eine Geheimsprache zu haben. Aber pssssst, es ist schließlich eine Geheimsprache!

Bevor ich Euch unsere Geheimsprache beibringe, müsst Ihr mir schwören, dass Ihr das keiner Katze erzählt. Also legt drei Finger Eurer rechten Hand auf Eure linke Brust und schwört, indem Ihr laut vorlest:

🐾 „Ich, ... (setze hier Deinen Namen ein), schwöre bei meinem liebsten Kuscheltier, dass ich kein Wort über die Geheimsprache der Hunde an Katzen verraten werde. Sollte ich dieses doch tun, dann möge mein liebstes Kuscheltier zum Spielzeug für Hunde werden."

Gut, dann können wir ja jetzt loslegen:

Auf die Plätze, fertig, wuff…!!!

So sehen wir Hunde aus, wenn wir freundlich und gut gelaunt sind:

Was fällt Euch auf? Schaut Euch das Bild genau an und kreuzt an, welche Aussagen stimmen.

a) Der Schwanz ist zwischen den Beinen eingeklemmt.

b) Der ganze Hundekörper ist sehr steif und angespannt.

c) Der Hund sieht entspannt und freundlich aus. Er hält seinen Schwanz waagerecht und wedelt.

Und? Habt Ihr richtig beobachtet? Die richtige Lösung heißt c).

Zählen wir also mal auf, was alles zu einem Hund gehört, der in freundlicher Stimmung und gut gelaunt ist:

- Eine aufrechte, entspannte Körperhaltung.

- Der Schwanz wird waagerecht gehalten und wedelt.

- Manchmal schwingt vor lauter Wedeln der ganze Popo mit.

- Schlappohren hängen entspannt nach unten und Stehohren sind aufmerksam gestellt, werden aber bei großer Freude auch angelegt.

- Ein freundlicher Blick.

Hey, Ihr seid ja richtig klasse!!! Die Hundesprache ist doch gar nicht so schwer, oder? Aber pssssst, denkt daran, es ist unsere Geheimsprache!

Machen wir aber gleich weiter. Auf der nächsten Seite seht Ihr nun einen Vierbeiner, der gerade sehr ängstlich und unsicher ist. Wenn Ihr ihm zu nahe kommt, könnte er vor lauter Angst knurren und vielleicht sogar beißen. Also lasst ihn lieber links liegen und haltet genügend Abstand zu ihm, damit er sich von Euch nicht bedrängt fühlt.

Was fällt Euch ganz besonders an ihm auf?

a) Sein Schwanz wedelt eher steif und ist nach unten gerichtet.

b) Seine Körperhaltung sieht angespannt aus.

c) Die Augen sind aufgerissen.

d) Der Rücken ist fast rund.

e) Der Schwanz ist steil nach oben gerichtet.

Na, Ihr Hundekenner, wie schaut's aus? Habt Ihr Eure Kreuze richtig gesetzt? Bis auf e) sind alle anderen richtig! Wenn Ihr einen Fehler gemacht habt, dann ist das überhaupt nicht schlimm. Schaut Euch das Bild einfach noch mal genau an.

Also, dann legen wir mal los und zählen alle Punkte auf, die einen Hund beschreiben, der gerade sehr ängstlich ist:

- 🐾 Eine angespannte Körperhaltung, oft mit rundem Rücken und eingeknickten Hinterbeinen.
- 🐾 Der Schwanz wird zwischen den Beinen eingeklemmt.
- 🐾 Die Augen sind aufgerissen.
- 🐾 Die Ohren werden nach hinten angelegt.
- 🐾 Häufig stellt der Hund die Nackenhaare auf.

Aber wir Fellnasen können auch mal schlecht gelaunt und sauer sein. Ihr müsst Euch dann wirklich in Acht nehmen, falls ein Hund drohend und in Angriffsstellung auf Euch zukommt. Schauen wir uns einen solchen Hund auf der Seite 23 mal genauer an.

Ui, ich glaube, das sieht jeder, dass dieser Hund nichts Gutes will. Jetzt sagt Ihr mir mal, was Euch an diesem Hund auffällt. Schaut Euch bitte genau die Stellung des Schwanzes und der Ohren an. Wie sieht sein Gesicht aus? Wie ist seine Körperhaltung? Legt einfach mal los.

Auf die Plätze, fertig, wuff…!!!

1. _____

2. _____

3. _____

4. _____

5. _____

6. _____

Ich finde es ganz toll, wie Ihr das macht. Super!!! Jetzt schauen wir uns das Bild mal gemeinsam an. Was ist also typisch für einen angreifenden, drohenden Hund?

- Eine sehr angespannte Körperhaltung; fast schon steife und sehr langsame Bewegungen.
- Zusammengekniffene Augen; sie starren Euch an.
- Nach vorne gerichtete Ohren.
- Nach oben gerichteter Schwanz.
- Gegebenenfalls gefletschte Zähne.
- Knurren, auch Bellen ist möglich.
- Die Nackenhaare werden häufig aufgestellt.

So, meine lieben Zweibeiner, jetzt habt Ihr die wichtigsten Zeichen unserer Geheimsprache, also unserer Körpersprache, kennengelernt.

Wenn Ihr also einen Hund seht, dann schaut Euch genau seinen Körper, seine Ohren und seinen Schwanz an und Ihr könnt erkennen, in welcher Stimmung sich der Hund gerade befindet:

🐾 freundlich und gut gelaunt

🐾 ängstlich, sich fürchtend

🐾 schlecht gelaunt, drohend
und angriffslustig

Genauso machen wir das nämlich unter uns Hunden. Wir sind natürlich ein wenig mehr in Übung als Ihr, so dass wir gleich erkennen, ob da ein Spielkamerad auf uns zukommt oder einer, der nur kämpfen will.

Abschließend müsst Ihr noch unbedingt wissen, dass wirklich jeder Hund mal freundlich, mal ängstlich und mal schlecht gelaunt sein kann. Es ist immer davon abhängig, was mit ihm gerade passiert.

Hhhhm, ich glaube, das erkläre ich Euch noch mal anders: Stellt Euch vor, ich erzähle Euch um Mitternacht im Dunkeln eine Gruselgeschichte. Obwohl Ihr den ganzen Tag über nicht ängstlich seid, so werdet Ihr bei der Gruselgeschichte aber ganz fürchterlich Angst bekommen, wenn Ihr plötzlich ein Geräusch hört. Ihr seid also am Tage freundlich und gut gelaunt und in der Nacht bekommt Ihr plötzlich Angst, obwohl Ihr ein und dieselbe Person seid.

Oder Ihr spielt gut gelaunt in Eurem Zimmer. Dann kommt Eure jüngere Schwester rein und nervt tierisch. Ihr werdet nun ganz böse und wollt in Ruhe gelassen werden. Was macht Ihr? Ihr nehmt sie grob an der Hand und schmeißt sie raus. Ups, Überraschung: Erst wart Ihr freundlich und auf einmal ganz böse. Es kommt also immer auf die Situation an.

Ich würde sagen, wir machen jetzt eine kleine Pause, weil das nun ganz schön viel Neues für Euch war. Legt das Buch mal zur Seite, geht zu Euren Eltern oder Geschwistern und erzählt ihnen, was Ihr gerade gelernt habt. Aber bitte vergesst nicht, dass auch sie schwören müssen, es keiner Katze zu verraten. Bis später, Kids…

Hey, Kids! Schön, dass Ihr wieder da seid. Wir machen auch gleich weiter, wenn Ihr vorher noch mal so nett seid und mich wieder ausmalt. Derjenige, der dieses Buch gedruckt hat, hat schon wieder vergessen, mir etwas Farbe zu geben.

Ich danke Euch. Jetzt fühle ich mich gleich schon viel besser. Und jetzt geht es weiter:

Auf die Plätze, fertig, wuff…!!!

3

Ups, falsch verstanden

Jetzt möchte ich Euch erklären, wie es zwischen uns Hunden und Euch Menschenkindern zu Missverständnissen kommen kann. Seid Ihr bereit? Dann kann's ja losgehen!

Auf die Plätze, fertig, wuff…!!!

Wenn Ihr mit uns sprecht, dann verstehen wir nur „Bla-bla-bla-bla-bla-bla". Eure Sprache ist uns viel zu schwer! Ich, Toby, der Hundepolizist, kann natürlich viel mehr verstehen als meine tierischen Freunde. Aber das könnt Ihr Euch ja sicher denken, denn sonst könnte ich Euch ja gar nicht in Eurer Sprache alles erzählen, oder?!

Zumindest gibt es einige wohl erzogene Hunde, die ein paar Worte wie zum Beispiel „Sitz", „Platz", „Komm" und so weiter verstehen können.

Dennoch: Was mir und den anderen Fellnasen ja eigentlich immer viel einfacher fällt, ist Eure Körpersprache. Also wie unter uns Hunden, versuchen wir auch Euch anhand Eurer Körpersprache zu verstehen. Wir achten dabei auf Euer Gesicht und auf Eure Bewegungen. Eure Ohren könnt Ihr ja leider nicht bewegen und einen Schwanz habt Ihr ja nun auch nicht.

Manchmal vergleichen wir Euch auch mit anderen Tieren, die wir kennen, zum Beispiel mit Kaninchen, Hasen, Rehen, Mäusen und noch vielen mehr. Kurz gesagt, wir vergleichen Euch mit Tieren, die wir früher, als wir noch Wölfe waren, gejagt haben, um in der freien Natur zu überleben.

Was ich damit sagen möchte: Wir versuchen, Eure Körpersprache zu verstehen, indem wir sie mit den uns bekannten Tiersprachen vergleichen – entweder mit unserer eigenen Geheimsprache, die Ihr im vorherigen Kapitel gelernt habt, oder mit der Sprache von Beutetieren.

Dass dies nicht immer gut gehen kann, ist wohl ganz klar, denn die Menschensprache ist nun mal keine Tiersprache.

Lasst mich Euch auf den folgenden Seiten einfach ein paar Beispiele geben.

Beispiel 1

Wenn Ihr vor mir weglauft, dann wollt Ihr doch spielen, oder? Oder lauft Ihr weg wie ein Kaninchen? Jippppiiiiieeeh, ich soll Euch fangen. Aber warum seid Ihr denn gleich so böse, wenn ich Euch mit meinen Zähnen gefangen habe? Ihr Spielverderber!

Ups, falsch verstanden?

Wieso denn? Eure Körpersprache war doch ganz eindeutig für uns Hunde. Ich sollte Euch gar nicht fangen, als Ihr vor mir weggelaufen seid? Ihr hattet eigentlich Angst vor mir und seid deswegen fortgerannt? Entschuldigung, ich dachte, ich hätte Euch richtig verstanden.

Beispiel 2

Ihr kommt einfach in meinen Garten und wollt selbst dort leben, vielleicht mich sogar verjagen? Das kommt gar nicht in die Tüte. Jetzt heißt es: Wuff, wuff – weg von meinem Grundstück!!! Ihr habt hier nichts zu suchen!!! Wuff, wuff! Ha, ha, gewonnen – Ihr lasst Euch bestimmt nicht mehr bei mir blicken.

Ups, falsch verstanden?

Ihr wolltet in unserem Garten nur mein kleines Frauchen besuchen? Oje, und ich dachte, ich müsste mein Revier verteidigen und Euch aus unserem Garten vertreiben.

Beispiel 3

Grrrrrrrr – das ist mein Fressen! Ihr wollt es mir wegnehmen? Grrrrrr – da werde ich aber ganz böse und schnappe zu. Das ist mein Fressen.

Ups, falsch verstanden?

Ihr mögt mein Fressen gar nicht? Und eigentlich wolltet Ihr nur daran vorbeigehen, um Euch einen Saft aus dem Kühlschrank zu holen?

Ui, ui, da habe ich Euch ja schon wieder falsch verstanden. Ich dachte wirklich, Ihr wolltet mir mein Fresschen wegnehmen.

Beispiel 4

Das gehört mir, mir, mir! Das ist mein Spielzeug! Wenn Ihr danach greift, dann muss ich Euch leider zeigen, dass das Spielzeug mir gehört und es mir keiner wegnehmen darf!

Ups, falsch verstanden?

Ihr wolltet mir das Spielzeug gar nicht wegnehmen? Ihr wolltet nur mit mir zusammen spielen? Oh, das tut mir aber leid, dass ich das falsch verstanden und Euch so laut angeknurrt habe.

Beispiel 5

Schon mal davon gehört, dass das mein Auto ist? Ihr wollt in mein Auto steigen? Jetzt geht's aber los: Wau, wau, grrrrrrrrrrr, wau, wau!

Ups, falsch verstanden?

Ihr wolltet eigentlich nur mitfahren, um mit mir und meinem Frauchen in den Wald zum Gassigehen zu fahren? Ups, da habe ich Euch doch glatt missverstanden. Ich hoffe, Du kannst mir verzeihen?

Beispiel 6

Gääähn, ach was bin ich müde! Das ist so kuschelig in meinem Bettchen. Und was machst Du hier? Du gönnst mir wohl kein Schläfchen? Bleib' jetzt lieber stehen. Noch einen Schritt weiter und ich springe aus meinem Körbchen und beiße Dich.

Ups, falsch verstanden?

Du wolltest mir eigentlich nur „Gute Nacht" sagen und mir kurz über den Kopf streicheln? Das ist ganz lieb von Dir, aber da habe ich Dich wohl missverstanden.

Ihr kaut doch da gerade auf etwas ganz Leckerem herum. Schwuppdiwupp, schnell her damit. Das will ich auch gerne fressen!

Ups, falsch verstanden?

Ihr wolltet mir gar nichts zu essen abgeben? Aber ich dachte das eigentlich schon. Mmmmmh, lecker war's – Ihr braucht jetzt doch wirklich nicht weinen, nur weil ich es gefressen habe.

Seht Ihr, jetzt habe ich Euch sieben Beispiele gegeben, die hätten gefährlich für Euch werden können. In diesen Situationen reagiert ein ansonsten freundlicher Hund manchmal ganz anders, als Ihr Menschenkinder es erwartet. Deshalb seid bitte vorsichtig in solchen Situationen. Wie das genau geht und wie Ihr Euch richtig verhaltet, erzähle ich Euch im nächsten Kapitel…

4

Hilfe, ein Hund – was sollen wir tun?

Grundsätzlich könnt Ihr Euch erst einmal freuen, wenn Ihr einen Hund seht. Es sind einfach tolle Tiere und es macht Spaß, mit ihnen zusammen zu sein. Und das Schöne ist, dass sich unzählig viele meiner tierischen Freunde auch über Eure Gesellschaft freuen.

Nur möchte ich, dass Ihr auf die Situationen vorbereitet seid, die ich Euch im Kapitel 3 gezeigt habe. Einfach, damit erst gar keine Missverständnisse zwischen Euch und den Hunden aufkommen. Schaut's Euch einfach mal an!

Auf die Plätze, fertig, wuff…!!!

🐾   Wenn Ihr einem Hund begegnet, rennt nicht schnell weg, sondern geht langsam oder bleibt stehen, sonst behandelt er Euch nämlich wie ein Beutetier, also wie beispielsweise ein Kaninchen, was er gerne jagen und fangen möchte.

🐾   Fangt nicht an zu schreien und reißt nicht die Arme hoch, weil Ihr damit die Angriffslust beim Hund wecken könntet.

- Wenn Euch ein Hund zu aufdringlich ist und Ihr Angst bekommt, geratet nicht in Panik. Denkt daran: Rennen und Schreien wird den Hund nur noch mehr reizen. Ruft nur kurz dem Hundebesitzer, der hoffentlich in der Nähe ist, oder anderen Spaziergängern zu, dass Ihr Hilfe braucht.

- Wenn Euch ein Hund anstarrt, dann schaut ihm nicht in die Augen. Seht einfach woanders hin und tut so, als wärt Ihr mit etwas anderem beschäftigt.

Das üben wir jetzt mal: Legt eines Eurer Stofftiere (vielleicht habt Ihr ja einen Stoffhund) direkt vor Euch auf den Tisch, so dass es Euch anschaut. Jetzt versucht Ihr, Eurem Stofftier mal nicht in die Augen zu sehen. Spielt mit Euren Händen, guckt Euch im Kinderzimmer um, singt leise ein Liedchen. Und los geht's!

Auf die Plätze, fertig, wuff…!!!

Vielleicht hilft Euch ja mein kleines Liedchen, Euch das alles zu behalten. Ihr kennt doch das Lied „Hänschen klein". Jetzt singt es mal mit diesem Text.

Auf die Plätze, fertig, wuff…!!!

Kommt der Hund, bleibst Du stehn,
höchstens langsam weitergehn.
Schau nicht hin
Das macht Sinn,
dann wird er auch gehn.

Solltest Du doch laut aufschrein,
wird er Dir nur schwer verzeihn,
weine nicht,
Schweigepflicht,
wenn ein Hund in Sicht.

- Ihr dürft niemals einen Hund absichtlich ärgern oder gar wehtun. Das heißt, am Schwanz oder an den Ohren ziehen, ist absolut verboten. Wenn ein Hund Schmerz empfindet, dann wird er sofort nach Euch schnappen, um Euch zu zeigen, dass Ihr das nicht dürft. Auch „Ärgern" kann sehr gefährlich sein. Zum Beispiel geht Ihr an einem Gartenzaun vorbei, auf dessen anderen Seite ein Hund sitzt oder Euch sogar anbellt. Ein beliebtes Spiel ist es leider, diesen Hund nun ein wenig zu ärgern, damit er noch wilder bellt. Denkt daran, ein Gartenzaun kann auch mal ein Loch haben oder das Gartentor könnte mal offen stehen — und was dann? Oje, der Hund würde wie ein Blitz zu Euch rausschießen und Euch sogar im schlimmsten Fall beißen. Wenn Ihr Glück habt, dann bellt er Euch nur aus. Also lieber nicht ärgern und besser den Hund völlig links liegen lassen und nicht beachten.

- Geht nicht auf ein fremdes Grundstück, auf dem ein Hund frei herumläuft. Erst klingeln und abwarten, bis die Hundebesitzer ihren Hund festhalten.

- Steigt in kein Auto ein, in dem ein Hund sitzt, den Ihr nicht kennt. Wartet immer auf die Anweisungen von dem Hundebesitzer.

- Macht bitte einen großen Bogen um den Hund, wenn er frisst, sein Spielzeug in seiner Nähe liegt, er sich damit beschäftigt oder wenn er in seinem Körbchen liegt.

- Wenn Ihr gerade etwas esst und ein Hund springt an Euch hoch, um es Euch zu klauen, dann werft die Schokolode, das Eis oder was Ihr auch immer in der Hand haltet, weg. Soll der Hund es doch fressen, aber Hauptsache ist, dass Euch nichts passiert. Der Hundebesitzer kauft Euch dann bestimmt ein neues Eis oder was es auch immer war.

- Treibt einen Hund niemals in die Enge, denn er wird zubeißen, wenn er keinen anderen Ausweg mehr sieht. Wenn Ihr ihn streicheln möchtet, wartet immer, bis der Hund auf Euch zukommt und zwingt ihn nicht dazu, indem Ihr ihn zum Beispiel in eine Ecke drängt.

- Und noch etwas zum Streicheln: Hebt nicht Eure Hand, um den Hund direkt von vorne über den Kopf zu streicheln. Lasst den Hund erst an Eurer Hand schnuppern, dann stellt Euch seitlich zum Hund und streichelt ihm anfangs über den Rücken. Wenn es ein kleiner Hund ist, dann beugt Euch nicht über ihn rüber, sondern geht in die Hocke, um ihn zu streicheln, dann hat er weniger Angst vor Euch. Und ganz wichtig:

Fragt immer vorher den Hundebesitzer, ob Ihr den Hund streicheln dürft. Die wissen nämlich meistens, ob ihr Hund lieb zu Kindern ist oder nicht. Vielleicht verraten sie Euch dann auch, wo sich ihr Liebling am liebsten streicheln lässt.

Das üben wir noch mal: Entweder spielt Eure Freundin oder Euer Freund den Hund oder Ihr nehmt wieder ein Stofftier. Stellt laut die Frage: „Darf ich den Hund mal streicheln?" Tut so, als würde der Besitzer „Ja" sagen und dann streichelt Euren Spielpartner oder das Stofftier vorsichtig am Rücken und nicht am Kopf (hoffentlich ist sie oder er nicht kitzlig!). Und nun seid Ihr dran!

Auf die Plätze, fertig, wuff…!!!

- Ihr dürft den Hund nicht hochheben. Er könnte Angst bekommen und in Eure Hand oder sogar in Euer Gesicht schnappen.

- Wenn Euch ein Hund angreifen will, dreht ihm nicht den Rücken zu. Vielleicht gibt es irgendwo einen Baum oder eine Wand, vor die Ihr Euch stellen könnt. Dann kann Euch der Hund nicht von hinten anspringen. Auch wenn Ihr so dem Hund gegenüber steht, dürft Ihr ihm immer noch nicht in die Augen schauen. Das macht ihn nur noch böser. Ganz ruhig so ausharren, bis der Hund das Interesse an Euch verliert und weggeht oder Hilfe kommt.

- Wenn Ihr – obwohl Ihr das ja nicht machen sollt – vor einem Hund weglauft und dabei stolpert und hinfallt, dann besteht die Gefahr, dass sich der Hund auf Euch stürzt, solange Ihr am Boden liegt. Steht also ganz, ganz langsam auf oder geht langsam in die Hocke, indem Ihr Euch auf die Knie und die Ellenbogen aufstützt. Steckt nun Euren Kopf zwischen die Arme und haltet zum Schutz die Hände über Kopf und Nacken. Bleibt ganz ruhig, wenn der Hund näher kommt und vielleicht an Euch schnüffelt. Haltet durch, bis der Hund verschwunden ist oder Hilfe naht.

Nicht müde werden – das probieren wir gleich mal aus. Legt Euch auf den Boden und versucht mal ganz langsam aufzustehen. Dann legt Ihr Euch wieder auf den Boden und geht langsam so in die Hocke, wie ich es Euch beschrieben habe. Mal schauen, ob Ihr das könnt!

Auf die Plätze, fertig, wuff…!!!

🐾 Wenn ein Hund bereits zugebissen hat, versucht nicht, Euren Arm oder Euer Bein aus dem Maul des Hundes zu zerren. Dann tut's nur noch mehr weh. Das ist wohl das Schwerste, was ich von Euch verlangen kann, und ich weiß selbst nicht, ob ich das so tun könnte, aber richtig wäre es. Und ich weiß, Ihr schafft das!

So, jetzt habt Ihr aber wirklich eine Menge gelernt. Da fällt es Euch bestimmt megaleicht, das Chaos wieder in Ordnung zu bringen. Mir ist da nämlich auf der folgenden Seite etwas ganz Dummes passiert:

Links steht immer eine Situation, also das, was gerade passiert. Und rechts sollte eigentlich immer Eure richtige Reaktion stehen, also wie Ihr Euch in dieser Situation verhaltet.

Leider ist aber alles durcheinander gewürfelt worden. Deshalb verbindet mal mit Linien die richtige Situation mit dem richtigen Verhalten. Eine Linie habe ich schon eingezeichnet.

Auf die Plätze, fertig, wuff…!!!

(Die Lösungen stehen auf Seite 96, aber nicht schummeln.)

Situation (was passiert gerade)		Reaktion (wie verhalten wir uns richtig)	
1	Ein Hund läuft hinter Euch her.	A	Wir machen einen großen Bogen um den Hund und stören ihn nicht dabei.
2	Der Hund starrt Euch an.	B	Wir achten darauf, dass wir den Hund von der Seite streicheln, nicht am Kopf. Wir beugen uns nicht über ihn.
3	Der Hund frisst.	C	Wir versuchen nicht, unseren Arm oder unser Bein aus dem Hundemaul zu zerren.
4	Der Hund springt an Euch hoch, um Euer Eis zu klauen, was Ihr gerade in der Hand haltet.	D	Wir klingeln und warten solange ab, bis der Hund festgehalten wird.
5	Der Hund darf gestreichelt werden.	E	Wir fragen immer erst den Besitzer und warten, dass der Hund auf uns zukommt.
6	Wir wollen einen Hund streicheln.	F	Wir schauen dem Hund nicht in die Augen, sondern sehen weg.
7	Der Hund beißt zu.	G	Wir drehen ihm nicht den Rücken zu.
8	Ein Hund greift uns an.	H	Wir stehen ganz langsam auf oder gehen in die Hocke, wie wir es gelernt haben.
9	Wir wollen unseren Freund besuchen. In seinem Garten läuft ein Hund frei herum.	I	Einfach wegwerfen!
10	Wir sind gestolpert.	J	Stehen bleiben oder langsam weitergehen.

Uff, nach so viel Lernerei wird es mal wieder Zeit für eine Pause, oder was meint Ihr? Ich verrate Euch aber schon, dass es im nächsten Kapitel um Spiele geht.

Jipppppiiiiieh, das macht Spaß!

5

Spielen macht riesig Spaß

Los, lasst uns gleich anfangen. Ich liebe Spiele! Natürlich zeige ich Euch solche Spiele, die nicht nur Euch und mir Spaß machen, sondern bei denen es eher unwahrscheinlich ist, dass Ihr Euch verletzen könnt. Es gibt drei ganz wichtige Dinge, die Ihr beim Spielen beachten müsst:

1. Keine Zerrspiele und kein Tauziehen, um Eure Kräfte zu messen. Oft ist der Hund nämlich stärker als Ihr, und das soll der Hund aber gar nicht wissen. Das bleibt Euer Geheimnis, dass Ihr eigentlich nicht ganz so viel Kraft habt wie er. Versprochen?

2. Wenn der Hund zu übermütig und zu grob wird: Hört sofort auf zu spielen! Geht weg und beachtet ihn überhaupt nicht mehr.

3. Spielt bitte nur dann mit dem Hund, wenn ein Erwachsener in der Nähe ist, der Euch helfen kann, wenn der Hund zu übermütig wird.

Spiel 1: Ballwerfen

Ballspiele machen vielen von uns Hunden megaviel Spaß. Holt Euch hierfür einen Ball, an dem ein kurzer Strick befestigt ist. Den Ball am Strick festzuhalten hat nämlich den Vorteil, dass Euer tierischer Spielpartner nicht Eure Finger erwischen kann, wenn er nach dem Ball schnappt. Nun schmeißt den Ball so weit weg, wie Ihr könnt, und Euer Hund wird bestimmt hinterher rasen. Jippiiiieh, das macht Laune! Damit Ihr den Ball erneut werfen könnt, wird Euer zotteliger Freund den Ball zurückbringen müssen. Lasst Euch auf kein Tauziehen ein, sondern gebt das Kommando „Aus", damit der Hund den Ball wieder loslässt und Ihr ihn erneut wegwerfen könnt. Gibt der Hund den Ball nicht mehr her, dann tauscht ein Leckerli gegen den Ball ein und sagt in dem Moment, in dem der Hund den Ball loslässt, das Kommando „Aus". Wenn Euer Hund bei diesem Spiel knurrt, dann hört Ihr sofort damit auf und lasst den Hund und seinen Ball einfach alleine und geht weg.

Spiel 2: Der Hund an der Angel

Erst einmal müssen wir uns eine Hundeangel basteln. Nehmt beispielsweise einen Besenstil und befestigt an dem einen Ende des Stils eine längere Schnur (cirka 1-2 Meter lang und reißfest, zum Beispiel eine Paketschnur). An das Ende der Schnur befestigt Ihr ein Hundespielzeug oder ein kleines Säckchen mit Leckerlis. Nun könnt Ihr mit Eurem Hund spielen, indem Ihr ihn hinter der Angel herrasen lasst. Jippiieeh, das macht Spaß!!! Wenn er den Köder gefangen hat, dann sagt Ihr „Aus" und das Spiel beginnt von Neuem. Sollte der Hund seine Beute nicht mehr hergeben, dann bietet Ihr ihm wieder ein Leckerli zum Austausch an. Wenn Euer Hund bei diesem Spiel knurrt, dann hört Ihr sofort damit auf und lasst die Angel einfach liegen.

Spiel 3: Suchspiele

Dieses Spiel könnt Ihr in der Wohnung und auch draußen spielen. Nehmt Euch ein paar Leckerlis und eine Leine. Bindet den Hund irgendwo fest, so dass er Euch gut sehen kann.

Nehmt nun ein Leckerli und versteckt es vor seinen Augen, aber so, dass er genau mitbekommt, wo es liegt. Macht Euren Hund nun los und gebt ihm das Kommando „Such Leckerli". Wenn Euer Hund das Leckerli gefunden hat, lobt ihn ganz doll. Dann wiederholt Ihr das Ganze solange, bis der Hund weiß, was „Such Leckerli" bedeutet. Ihr könnt das Leckerli nun etwas schwieriger verstecken. Findet er es nicht, so zeigt es ihm und lobt ihn wieder, wenn er es aufgespürt hat. Dann versteckt Ihr es das nächste Mal ein wenig leichter und wenn er es entdeckt, könnt Ihr danach die Suche wieder schwieriger gestalten.

Ihr könnt auch ein Hundespielzeug anstatt eines Leckerlis nehmen. Wichtig ist, dass der Hund erstmal lernt, was „Such Leckerli" oder „Such Spielzeug" bedeutet. Da braucht Ihr schon ein wenig Geduld. Wenn er es aber begriffen hat, dann macht es tierisch Spaß, wie der Hund alles abschnüffelt, um das Leckerli zu finden. Spielt dieses Spiel aber nicht zu lange mit meinem Kumpel, denn Suchspiele sind für uns wahnsinnig anstrengend.

Spiel 4: Verstecken spielen

Anstatt eines Leckerlis könnt Ihr auch Euch selbst verstecken. Hierzu braucht Ihr aber einen Helfer, das heißt, Ihr könnt dieses Spiel prima zusammen mit Euren Freunden spielen.

Einer hält den Hund an der Leine fest und der andere versteckt sich mit einem Leckerli in der Hand. Zeigt dem Hund ruhig vorher das Leckerli, damit er weiß, dass Ihr so etwas Leckeres bei Euch habt. Dann lasst Ihr den Hund los und schickt ihn mit „Such Freund" auf die Reise. Erst versteckt Ihr Euch so, dass er sieht, wo Ihr Euch versteckt habt. Wenn er dann zu Euch kommt, lobt Ihr ihn ganz doll mit „feiner Hund, klasse, toll gemacht" und gebt ihm das Leckerli. Wenn Euer Hund verstanden hat, was „Such Freund" bedeutet, dann könnt Ihr Euer Versteckspiel immer schwieriger gestalten. Ihr könnt ihm aber auch ruhig mal eine Hilfestellung geben, wenn er Euch nicht findet, und in Eurem Versteck leise „Piep" sagen. Wichtig ist, dass Ihr Euren Hund immer ganz doll lobt und Euch richtig megaviel freut, wenn er Euch gefunden hat. Aber denkt daran, Verstecken spielen ist für uns Hunde genauso anstrengend wie Suchspiele. Also nicht ganz so lange spielen!!!

Spiel 5: Agility

Agility ist ein englisches Wort und heißt übersetzt so viel wie „flink, wendig, lebendig oder auch aufmerksam sein". Hier wird nämlich mit dem Hund richtig Sport getrieben: Dein Hund lernt über einen Steg zu laufen, über eine Wippe zu gehen, durch einen Tunnel zu rennen und über Hindernisse zu springen. Am liebsten wäre es mir ja, wenn Ihr dazu in eine Hundeschule geht. Der Hundetrainer wird Euch zeigen, wie Ihr dem Hund das alles beibringt, ohne dass er dabei Angst bekommt. Aber so ein paar Dinge könnt Ihr auch schon zu Hause üben.

Holt zwei kleine Eimer und legt einen Besen darüber, so dass ein kleines Hindernis entsteht. Baut das Hindernis anfangs nicht zu hoch – Euer Hund soll es ja erstmal lernen. Nehmt ihn an die Leine, führt ihn an das Hindernis und lockt ihn mit

einem Leckerli darüber. Wenn er über den Besenstiel springt, dann sagt dabei schnell „Hopp" und gebt ihm danach sofort das Leckerli. Das müsst Ihr nun einige Male üben, damit Euer Hund weiß, was „Hopp" bedeutet.

Oder habt Ihr vielleicht einen Hula-Hoop zu Hause? Dann nehmt diesen Reifen und haltet ihn so fest, dass er auf dem Boden steht. Anfangs wäre es gut, wenn Euch ein Freund dabei hilft. Lockt den Hund nun mit einem Leckerli durch den Reifen und lobt ihn ganz doll, wenn es geklappt hat, und natürlich gebt Ihr ihm das Leckerli. Dabei sagt Ihr wieder ein Kommando, zum Beispiel „Hula-Hoop". Übt das ein paar Mal und wenn Euer Hund ganz sicher durch den Reifen geht, dann könnt Ihr ihn langsam auch etwas höher halten. Aber bitte nicht zu hoch, denn Euer Hund kann ja nicht fliegen. Ein bisschen über dem Boden, das reicht schon. Und auf geht's – probiert es aus:

Auf die Plätze, fertig, wuff…!!!

Spiel 6: Eine Theateraufführung mit Hund

Ui, mit einem Hund Theater spielen. Wie denn das? Denkt Euch zuerst mal eine kleine Geschichte aus, die Ihr vorspielen möchtet. Ich gebe Euch hier mal ein Beispiel:

Darsteller: Euer Hund: Dr. Watson

                Ihr: Sherlock Holmes

Vorleser: Eure Freunde oder Eure Eltern

Es war einmal ein Hund, der hieß Dr. Watson. Er lebte bei einem Detektiv namens Sherlock Holmes. *(Ihr kommt mit dem Hund an der Leine ins Zimmer, wo die Vorstellung gezeigt wird.)* Dr. Watson war ein sehr freundlicher Hund *(Hund macht Sitz und gibt Euch das Pfötchen)*, konnte aber auch sehr wachsam sein *(Hund bellt)*. Eines Tages folgten sie der Spur eines Verbrechers und mussten dabei über Mauern springen *(Hund und Ihr springt über ein Hindernis)* und durch einen Tunnel kriechen *(Ihr und der Hund geht durch den Hula-Hoop)*. Der Verbrecher war schon so gut wie gefasst, als er plötzlich vor ihnen stand und eine Pistole zückte. „Peng, peng", Schüsse fielen *(Hund fällt auf die Seite und bleibt liegen)*. Dr. Watson war getroffen. Sherlock beugte sich zu ihm runter und zum Glück, Dr. Watson war nichts passiert *(Hund springt wieder auf)*. Der Verbrecher hatte ihn doch nicht getroffen, aber leider konnte der Bösewicht entkommen. Oh je, das war der erste Verbrecher, der Sherlock Holmes und Dr. Watson durch die Lappen ging *(Ihr und der Hund schämt Euch, indem Ihr die Hand/Pfote über das Gesicht legt)*. Beide gingen erst einmal heim, um sich von diesem Schrecken zu erholen *(Ihr geht mit dem Hund aus dem Zimmer)*.

Applaus!!!

Eigentlich eine kleine Geschichte und ich bin sicher, dass Ihr noch mehr Phantasie habt als ich, aber dennoch absolut schwierig, das einzuüben. Euer Hund muss nämlich bei dieser Geschichte Folgendes können:

- Sitz machen
- Pfötchen geben
- auf Kommando bellen
- über ein Hindernis springen
- durch den Hula-Hoop gehen
- bei dem Kommando „Peng-peng" auf die Seite fallen und liegen bleiben
- auf Kommando aufstehen
- Pfote über seine Schnauze legen

Glaubt mir, das dauert Wochen, bis Ihr das Eurem Hund alles beigebracht habt, aber es lohnt sich, weil so eine Theatervorstellung immer ein voller Erfolg wird.

Ich gebe zu, dass Ihr bestimmt Eure Eltern oder einen Hundetrainer aus Eurer Hundeschule braucht, um dem Hund das alles beizubringen. Denkt immer daran, viel mit Leckerli und Worten loben. Und ja nicht einen ganzen Tag üben – lieber 20 Minuten täglich. Dann macht es auch Eurem Vierbeiner eine Menge Spaß.

Ihr könntet Euch aber auch einfach mal überlegen, was Euer Hund alles kann und dann denkt Ihr Euch eine Geschichte aus, in der Ihr sein Können einfach einbaut.

Auf jeden Fall wünsche ich Euch beiden viel, viel Spaß dabei und Euren Zuschauern natürlich auch. Applaus, Applaus…

„Ding-Dong" – das ist der Pausengong!!! Spielen ist ja mega-klasse, aber soooo anstrengend. Da haben wir uns wirklich eine Pause verdient.

Es ist mir ja fast schon peinlich zu fragen, aber könntet Ihr mich bitte noch mal ausmalen? So farblos fühle ich mich einfach nicht wohl. Uuuuuund:

Auf die Plätze, fertig, wuff…!!!

6

Jippiieh, wir gehen Gassi…

Gassigehen? Wirklich Gassigehen? Jippiieh, wir gehen Gassi…!!!
Ihr glaubt gar nicht, wie wir Hunde uns auf das Gassigehen
freuen. Es ist einfach eine tolle Abwechslung. Nicht nur, dass
wir mal Pipi machen dürfen und auch unser Häufchen setzen
können, nein: Gassigehen macht einfach Spaß. Alles riecht so
gut, man trifft andere Hunde, kann ausgiebig spielen und nach
Mäusen buddeln. Ach, das alles macht soooo viel Spaß. Wie,
Euch macht Gassigehen überhaupt keinen Spaß? Es ist eher
langweilig? Oje, das müssen wir aber ändern. Und los geht's!

Auf die Plätze, fertig, wuff…!!!

Halsband, Geschirr und Leine

Fangen wir erst einmal mit dem Halsband an. Es sollte so breit
wie möglich sein und kein schmales, welches sich in unseren
Hals einschnürt.

Am liebsten wäre es mir allerdings, wenn Ihr Eurem Hund ein
Geschirr anzieht, weil das für uns Hunde am angenehmsten ist
und uns am Hals nicht verletzen kann.

Wenn Ihr Euren Hund an der Leine führt, dann denkt bitte
daran, die Leine niemals um die Hand zu wickeln. Wenn wir
Hunde nämlich mal kräftig an der Leine ziehen, dann kann das
Eure Hand brechen. Eine zu dünne Leine, kann sich in Eure

Haut schneiden und führt auch mal zu Verbrennungen, wenn sie schnell durch die Hand rutscht. Autsch, das tut ganz schön weh, sage ich Euch. Also möglichst eine breite und weiche Leine holen. Zur Sicherheit könnt Ihr auch noch Handschuhe anziehen, dann kann Euren Fingern wirklich nichts mehr passieren. Vielleicht habt Ihr ja Fahrradhandschuhe da, die sehen nämlich auch noch cool aus.

Mit kurzen Hosen im Sommer gehen wir besser nicht spazieren. Wickelt sich die Leine mal um Eure Beine, dann kann sie auch dort zu wirklich unschönen Verletzungen führen. Und wer sammelt schon gerne Narben an seinem Körper?

So, jetzt seid Ihr richtig vorbereitet und auf geht's nach draußen. Was ist da eigentlich so langweilig? Es gibt doch so viel zu erleben. Ich zeige Euch, wie das Gassigehen Spaß macht.

Auf die Plätze, fertig, wuff...!!!

Grundsätzlich könnt Ihr die Spiele, die ich Euch im vorherigen Kapitel genannt habe, während Eurer Gassigehrunde mit Eurem vierbeinigen Freund spielen. Das heißt Ballspiele, Suchspiele, Verstecken – all das könnt Ihr selbstverständlich während des Gassigehens spielen. Das macht nicht nur Eurem Wauwau Spaß, sondern Euch ja auch.

Wenn Ihr in eine Hundeschule geht, dann könnt Ihr das, was Ihr dort lernt, unterwegs mit Eurem Hund üben. Zum Beispiel die Kommandos Sitz, Platz, Komm, Bleib, bei Fuß und so weiter.

Aber jetzt kommen wir zu den richtig interessanten Dingen:

Spaß 1: Balancieren

Wenn Ihr beispielsweise im Wald einen Baumstamm auf dem Boden liegen seht, so geht nicht einfach daran vorbei, sondern lasst Euren Hund darauf balancieren. Anfangs, wenn Ihr das Eurem Hund beibringt, bleibt Ihr erst einmal an seiner Seite. Später, wenn Euer Hund das richtig gut kann, dann könnt Ihr zwei das auch gemeinsam machen. Auf gestapeltes Holz geht bitte nicht, da es vielleicht nicht fest genug liegt und verrutschen kann. Wenn das Holz vom Regen oder Schnee nass ist, solltet Ihr auch nicht darauf rumturnen, denn egal ob Zwei- oder Vierbeiner: Abrutschen tut weh!

Spaß 2: Springen

Gräben, kleine Bachläufe, Strohballen, dicke Äste, die auf dem Boden liegen, braucht Ihr nicht zu umgehen. Nein – viel mehr Spaß macht es doch, diese zu überspringen, oder?

Spaß 3: Schwimmen

Nicht jeder Hund, aber viele von uns mögen es, im Sommer zu schwimmen. Es gibt sogar Hunde, die regelrecht Schwimmhäute an ihren Pfoten haben und ganz tolle Schwimmer sind. Ehrlich, das ist nicht gelogen. Ich schwöre es! Ihr könnt uns ein schwimmendes Spielzeug, zum Beispiel einen Tennisball, ins Wasser schmeißen und wir bringen es dann wieder gerne ans Ufer zurück. Der schönste Spaß ist es, wenn wir aus dem Wasser kommen und uns kräftig schütteln, so dass Ihr mindestens genauso nass werdet wie wir. Ha, ha, das ist ein Heidenspaß.

Spaß 4: Beutefangen

Nehmt kleine, runde Leckerlis und schmeißt immer eins den Weg entlang, so dass es möglichst lange rollt. Wir Hunde lieben es, da hinterher zu springen und diese kleine, rollende Beute zu fangen.

Spaß 5: Detektivspiel

Ihr sucht Euch einen Spaziergänger aus und beschattet ihn. Wenn er Euch bemerkt, dann macht Ihr schnell ein paar Übungen mit Eurem Hund, wie zum Beispiel Sitz oder Pfötchen geben. Dann sieht es nämlich so aus, als würdet Ihr eigentlich etwas ganz anderes tun. Wenn der Spaziergänger weitergeht, dann folgt Ihr ihm wieder langsam. Vielleicht bekommt Ihr ja raus, wo er wohnt oder wie der Spaziergänger heißt.

Spaß 6: Schnitzeljagd

Warum spielt Ihr Menschenkinder dieses Spiel eigentlich immer nur an Geburtstagen? Das kann man doch auch so spielen, wenn Ihr ein paar Freunde getroffen habt. Uns Hunden macht das auch Spaß, wenn wir bei Euch mitlaufen können.

Spaß 7: Schatzsuche

Wie wär's, wenn Eure Eltern eine Schatzkarte aufmalen, die Euch und Eurem Hund einen Weg vorgibt. Ihr müsst dann genau den vorgegebenen Weg entlanglaufen bis zu dem Schatz. Ich bin sicher, Eure Eltern verstecken bestimmt etwas ganz Leckeres für Euch und Euren Hund.

Spaß 8: Schlittenfahren

Jippieeh, wir gehen Schlittenfahren! Klasse, da kann ich so toll nebenher rennen. Schnee macht ja überhaupt ganz viel Spaß.

Sehen wir nicht immer superwitzig aus, wenn wir vom Schnee-
schnüffeln eine kleine Schneehaube auf der Nase haben? Vielleicht habt Ihr ja einen großen Hund, den Ihr vor den Schlitten
spannen könnt. Dann muss er nur noch ziehen und los geht's
– Ihr habt den perfekten Schlittenhund. Das macht Ihr aber
bitte nur mit Geschirr und in Anwesenheit von Euren Eltern.

Ich bin mir sicher, dass Euch noch ganz viele eigene Spiele
einfallen werden. Wenn Ihr Lust habt, dann schickt mir Eure
Spielideen – geschrieben oder gemalt – an diese Adresse:

**An Toby,
der Hundepolizist**
c/o Sigrid Böhme Verlag
Wilhelmstr. 21
D-65618 Selters im Taunus

Und ich verspreche Euch, so wahr ich Toby heiße, dass ich
Euch antworten werde.

Also, Briefmarke drauf und ab in die Post, oder wie heißt es bei uns:

Auf die Plätze, fertig, wuff...!!!

Ihr seht, man kann ganz viel gemeinsam mit uns Hunden unternehmen. Genauso wie bei echten Freunden – und wir wollen doch echte Freunde sein, oder?

Auf jeden Fall denkt nicht, dass Ihr immer alleine gehen müsst. Ruft Eure Freunde an und fragt sie, ob sie mitkommen möchten. Ich bin mir sicher, Ihr habt Euch unterwegs viel zu erzählen und vielleicht erzählst Du ja sogar etwas aus diesem Buch hier, damit Dein Menschenfreund auch ein bisschen etwas über uns Hunde erfährt.

Wenn Ihr auf einen Spielplatz gehen wollt, dann kann Euer bester, vierbeiniger Freund natürlich nicht mit, denn Hunde haben auf dem Spielplatz nichts zu suchen.

Jetzt habt Ihr wirklich so viel gelernt über uns Hunde und ich bin absolut begeistert von Euch, dass Ihr Euch die Zeit genommen habt, das alles zu lesen und natürlich zu lernen. Bevor ich mein Versprechen einlöse und Euch noch ein paar Hundegeschichten erzähle, möchte ich mich schon mal von Euch verabschieden. Es hat mir wirklich ganz viel Spaß gemacht und ich freue mich, wenn Ihr zukünftig ebenso viel Spaß mit Eurem Hund oder anderen Hunden habt.

Und denkt immer daran: Ihr Kinder und wir Hunde sind ein wirklich cooles Team. Deshalb lasst uns nicht vorm Fernseher oder vorm Computer versauern, sondern lasst uns rausgehen und Spaß haben, denn unser Motto heißt:

Auf die Plätze, fertig, wuff…!!!

7

Hundegeschichten

Wuffi Wuff und Trippeltrapp

Es war mitten in der Nacht. Draußen, auf dem Bauernhof, war es ganz, ganz ruhig. Kein Grashalm rührte sich, kein Mäuschen lief herum. Es schien, als würde der Hof dort gänzlich verlassen liegen.

Plötzlich durchdrang diese Stille ein Heulen, das durch Mark und Bein ging. Die Gänse wachten erschrocken auf und schnatterten so laut sie konnten. Die Hühner im Stall flatterten von ihrer Stange. Der Hahn, der glaubte, verschlafen zu haben, krächzte ein schrilles „Kikeriki" hervor. Die Kühe traten unruhig von einem Bein auf das andere und fingen an zu muhen. Die Katzen liefen mit weit aufgerissenen Augen davon.

Nur die Pferde blieben gelassen und schnaubten ganz leise durch ihre Nasenlöcher. Ihre großen, dunklen Augen standen neugierig offen und sie versuchten, in die Nachbarbox, aus der dieser entsetzliche Laut herrührte, zu schielen.

Im Haus des Bauern ging das Licht an. Erst im Schlafzimmer, dann auf der Treppe und kurz darauf unten im Flur. Die Haustür öffnete sich und der Bauer trat heraus. Voller Aufregung rannte er rüber zum Pferdestall, denn er ahnte, was passiert war.

Als er am Stall ankam, wurde er langsamer. Leise öffnete er die große Tür, knipste das Licht an und trat vorsichtig ein. Er ging ganz gezielt auf eine Box zu, die mit frischem Stroh angefüllt war. Er sah über die Boxentür und musterte das, was im warmen Stroh lag.

Nichts bewegte sich. Der Mann schloss die Augen und atmete tief durch. Vorsichtig öffnete er die Boxentür.

Auf dem Stroh lag seine Hündin Leika.

In dieser Nacht sollten ihre Welpen geboren werden. Leika war leider nicht mehr die Jüngste und die Geburt ihrer Babys hatte der Bauer mit einer Mischung aus Freude und Sorge erwartet.

Tief bestürzt blickte er auf den leblosen Körper. Die Geburt war wohl zu anstrengend für sie gewesen. Kurz bevor sie starb, hatte sie noch einmal laut aufgeheult. War es vor Schmerz, war es zum Abschied?

Traurig streichelte der Bauer seine geliebte Hündin. Sie war ihm seit Jahren nicht von der Seite gewichen. Alles hatten sie zusammen erlebt, den ganzen Tag miteinander verbracht. Es war eine Hündin, wie man sie sich nur wünschen konnte. Und nun war sie tot.

Der Bauer hatte sich auf den Nachwuchs gefreut und hoffte, dass die Welpen Leikas gute Eigenschaften vererbt bekommen würden. Und nun? Jetzt lag hier seine treue Gefährtin, die leider keine Zeit mehr hatte, ihre Welpen zu gebären. Dicke

Tränen kullerten am Gesicht des Bauern entlang und tropften auf seine Hündin und ins Stroh.

Plötzlich bemerkte er, dass sich neben der Hündin etwas bewegte. Er schob das Stroh zur Seite und erblickte ein kleines, nasses Wollknäuel. Es war ein kleiner Welpe, dessen Augen noch fest geschlossen waren.

Der Bauer zog seine Jacke aus, trocknete ein wenig diesen kleinen Zwerg damit ab und wickelte ihn dann darin ein, damit er nicht friert.

Aufgeregt lief er ins Haus zurück, weckte seine Frau und bat sie darum, den Tierarzt anzurufen. Die Bäuerin sprang sofort aus ihrem Bett und rannte zum Telefon. Nachdem sie es einige Zeit beim Tierarzt hatte klingeln lassen, ging dieser endlich an den Apparat und versprach, gleich vorbeizukommen.

Wenig später standen der Bauer, die Bäuerin und der Tierarzt vor dem kleinen Welpen und bemühten sich redlich, damit er diese aufregende Nacht überlebt.

Ein paar Tage zogen ins Land und der kleine Rüde entwickelte sich prächtig. Dann sagte der Bauer zu seiner Frau: „Wir brauchen einen Spielkameraden für den Kleinen. Entweder kaufen wir noch einen Welpen dazu oder suchen uns eine Hündin, die ihm ein wenig Wärme und Pflege gibt, die ihm zeigt, was ein Hund so alles können muss. Er braucht wie wir Menschen eine kleine Familie, in der er sich sicher und geborgen fühlt." Schmunzelnd fügte er hinzu: „Ich habe auch schon einen Namen für ihn: Wuffi Wuff. Das hätte Leika bestimmt gefallen."

Doch leider hatte sich der Alltag wieder auf dem Bauernhof eingeschlichen und die guten Absichten des Bauern gerieten in Vergessenheit. Wuffi Wuff wuchs mehr oder weniger alleine heran. Er war ein kleiner, zäher Bursche, der noch so viel erleben wollte.

Eines Tages ging er zum ersten Mal auf Entdeckungsreise. Er fand ein kleines Loch in seiner Pferdebox und schlüpfte dort hindurch. Nun stand er mitten in der Stallgasse. Ui, war das unheimlich. Links und rechts schauten ihn riesig große Tiere mit ganz großen Augen an.

„Hallo Kleiner", schnaubte eines dieser großen Tiere, „endlich bekommt man Dich mal zu Gesicht. Ich heiße Elvira und bin die Älteste hier von uns Pferden. Da drüben steht noch Samson, der Schimmel, Toxi, das Shetlandpony, und Trippeltrapp, unser Jüngster. Die anderen sind alle auf der Weide, aber die wirst Du auch noch kennenlernen. Geh doch mal rüber zu Trippeltrapp. Er ist nämlich fast so alt wie Du, nur zwei Tage älter."

Schüchtern ging der kleine Wuffi Wuff in die Richtung, die ihm Elvira deutete. Als er sich der besagten Box näherte, sah er, dass dort keine Tür, sondern nur ein Strick von links nach rechts gespannt war.

Plötzlich schrillte ein lautes Wiehern durch den Stall. Wuffi

Wuff blieb erst starr vor Schreck stehen und versteckte sich dann, so schnell er konnte, hinter einer Futterkiste.

„Ha, ha, Du bist ja vielleicht ein Angsthase", lachte das kleine Fohlen. Wuffi Wuff kroch hinter seinem Versteck hervor, etwas verlegen, weil er solche Angst hatte, aber für seinen ersten Ausflug fand er sich eigentlich schon ganz schön mutig. Unter dem Strick hindurch schaute ihn nun ein freundliches Gesicht an.

„Bist Du Trippeltrapp?", fragte Wuffi Wuff.

„Ja, logisch, oder siehst Du noch ein Fohlen hier?"

„Was ist ein Fohlen?", wollte Wuffi Wuff wissen.

„Na ja, so heißen halt die Pferdekinder", meinte Trippeltrapp.

„Bin ich auch ein Pferdekind?", erkundigte sich der kleine Vierbeiner weiter.

„Ha, ha, bist Du aber doof." Trippeltrapp musste schmunzeln. „Du bist doch kein Pferdekind. Du bist ein Hund und Hundekinder nennt man Welpen."

„Ach so", sagte Wuffi Wuff und versuchte, es sich nicht anmerken zu lassen, wie neugierig er war. „Und wer ist das da?"

„Das ist meine Mama. Die anderen nennen sie Toxi."

„Habe ich auch eine Mama?", fragte Wuffi Wuff weiter.

Betreten schaute nun das kleine Shetlandpony zu Boden. Sein Gesicht wurde ganz betrübt und es sagte kaum hörbar: „Deine Mama konnte leider nicht hier bleiben. Sie ist über die Regenbogenbrücke gegangen und ist jetzt im Hundehimmel.

Von dort schaut sie Dir zu, wie Du heranwächst."

„Dann bin ich also ganz alleine?", flüsterte Wuffi Wuff ganz leise.

„Nein, Du hast doch uns hier. Willst Du mein bester Freund sein?" Trippeltrapps Gesicht erhellte sich und zeigte nun ein breites Lachen.

Und wieder wollte Wuffi Wuff mehr wissen, diesmal sichtlich interessiert: „Was ist ein Freund?"

Trippeltrapp erzählte ihm, dass Freunde immer zusammen sind und in jeder Situation zusammenhalten. Sie erleben ganz viele Abenteuer, erzählen sich ihre Geheimnisse und spielen ganz viel miteinander. Sie gehen durch Dick und Dünn und sind somit niemals alleine.

„Oh ja", wuffte Wuffi Wuff, „wir werden die besten Feunde sein."

Abends, als der Bauer seine letzte Runde über den Hof machte, um zu sehen, ob alles in Ordnung ist, trat er in den Pferdestall und sah mit Entsetzen, dass die Box, in der sich normalerweise Wuffi Wuff aufhielt, leer war. Sein Blick schweifte durch den Stall und bald darauf erhellte sich seine Miene. Wuffi Wuff lag angekuschelt an Trippeltrapp und blinzelte zufrieden zum Bauern rüber.

„Na Ihr, da haben sich ja die zwei Richtigen gesucht und gefunden."

Am nächsten Tag tobte Trippeltrapp auf der Weide herum. Seine Mama und die anderen Pferde standen in einer Gruppe zusammen und tauschten Neuigkeiten aus. Als er näher kam, hörte er, wie Elvira gerade berichtete, dass es auf dem Nachbarhof Nachwuchs gab – Hundenachwuchs!!! So schnell das Fohlen konnte, rannte es an den Weidezaun, um nach Wuffi Wuff zu wiehern, aber der schlief immer noch in seiner Box und konnte Trippeltrapp nicht hören.

Am Abend, als alle Pferde von ihrer Koppel geholt wurden, sprang Trippeltrapp sofort zu Wuffi Wuff und berichtete ihm die Neuigkeiten. „Wuffi Wuff, das ist Deine Chance, wie ein richtig normaler Welpe aufzuwachsen. Du musst unbedingt auf den Nachbarhof. Da ist eine neue Hundefamilie für Dich mit einer richtigen Mama und kleinen Brüdern und Schwestern."
Trippeltrapp und Wuffi Wuff waren so aufgeregt, dass sie völlig vergaßen, ihr Futter zu fressen.
„Pass auf", meinte Trippeltrapp, „heute Nacht, wenn alle schlafen, bringe ich Dich rüber zu dem anderen Hof und dann schauen wir mal, ob es Dir dort gefallen würde."
„Oh ja!" Wuffi Wuff führte einen Freudentanz auf. Dann aber wurde er wieder ganz traurig und sagte: „Ach, Trippeltrapp, Du bist doch mein bester Freund. Ich kann Dich doch nicht hier zurücklassen."
Trippeltrapp schaute auch ein wenig betrübt und antwortete: „Glaube mir, wir werden immer Freunde bleiben und ich hoffe

auch, dass Du wieder hierher zurückkommst. Wichtig ist aber jetzt, dass Du erst einmal eine Familie bekommst, in der Du wohlbehütet aufwächst. Wir können dann später, wenn Du ein wenig größer bist, wieder miteinander spielen."

Flüsternd verabredeten sie sich nun für die Nacht, um ihre Reise auf den Nachbarhof anzutreten.

Als alles schlief, krabbelte Wuffi Wuff auf Trippeltrapps Rücken. Zum Glück war das Shetlandpony-Fohlen so klein, dass es unter dem Strick durchpasste, um in die Stallgasse zu gelangen. Seine Mutter schlief tief und fest. Trippeltrapp versuchte, so wenig Geräusche wie möglich zu machen, damit keiner auf dem Hof aufwachte. Sie schlichen aus dem Stall,

über den Hof, den Zaun entlang bis hin zum Feldweg. Dort trabte Trippeltrapp an und schon nach zwanzig Minuten waren sie bei dem Nachbarhof angekommen. Auch hier schlief alles.

Trippeltrapp ging vorsichtig auf einen Stall zu und öffnete langsam die Tür.

Aus dem Dunkeln hörten die beiden Abenteurer nur ein sehr böses Knurren: „Grrrrrrr, was wollt Ihr hier? Grrrrrrrr, lasst ja meine Kinder in Ruhe!"

Trippeltrapp brauchte ein wenig, bis sich seine Augen an die Dunkelheit gewöhnt hatten, und erkannte den Umriss eines Hundes, der mit gefletschten Zähnen vor seinem Körbchen stand.

Trippeltrapp hatte furchtbare Angst, aber er blieb stehen. „Guten Abend, Frau Nachbarin. Ich wollte fragen, ob Sie vielleicht noch einen kleinen Welpen aufnehmen könnten. Sehen Sie, auf meinem Rücken, das ist Wuffi Wuff, mein bester Freund. Seine Mutter ist gestorben, als er zur Welt kam, und nun sucht er eine Familie."

Die Hündin hatte sich mittlerweile beruhigt, stand aber immer noch vor ihrem Körbchen. Diese Geschichte hatte sie gerührt. Das spürte Trippeltrapp, auch wenn er es in der Dunkelheit nicht so genau sehen konnte.

„Willst Du meine Mama sein?", hörte man nun Wuffi Wuff zaghaft fragen.

„Lass Dich mal anschauen, kleiner Mann", sagte die Hündin mit einer liebevollen Stimme.

Trippeltrapp legte sich auf den Boden, damit Wuffi Wuff besser absteigen konnte. Er war noch so winzig und nun stand er da, ganz betreten auf den Boden starrend. Nur seine Schwanzspitze wedelte ganz leicht hin und her.

„Bist Du der Sohn von Leika?", fragte die Hündin.

„Ja", antwortete Wuffi Wuff ganz brav. Seine Schwanzspitze wedelte immer schneller.

„Leika war eine gute Freundin von mir", erzählte die Hundemutter. „Sie hat mir vieles beigebracht, was ich nun an Dich weitergeben könnte."

Lange blieb es still. Wuffi Wuff wurde langsam ein wenig ungeduldig und wagte sich etwas näher heran.

„Also gut, komm her, mein Kleiner. Zum Glück habe ich nur zwei Kinder bekommen. So ist genug Milch für Euch alle da. Herzlich willkommen! Mein Name ist übrigens Ronja und dort im Körbchen liegen Freddy und Pfötchen."

Ronja stand auf und setzte sich seitlich zum Körbchen, damit Wuffi Wuff seine neuen Geschwister sehen konnte. Jetzt war er ganz außer sich. Vor lauter Freude wedelte er so doll mit seinem Schwanz, dass sein ganzer Popo wackelte. Mit lautem Fiepen stürmte er auf Ronja zu und leckte ihr über das ganze Gesicht. Freudentränen kullerten. Ronja stupste ihn beherzt in das Körbchen und befahl: „Jetzt wird aber geschlafen!"

„Danke schön", flüsterte Wuffi Wuff noch ganz leise und dann schlief er glücklich ein.

Am nächsten Tag hörte Trippeltrapp, der völlig übermüdet auf der Weide stand, dass die Bäuerin vom Nachbarhof angerufen hatte. Sie fragte den Bauern, ob er vielleicht seinen Welpen zu ihnen gebracht hätte. Der verneinte und wunderte sich sehr, wie dieser kleine Bursche einen so weiten Weg zurücklegen konnte. Aber beide einigten sich, dass Wuffi Wuff zunächst dort bleiben sollte, damit er alles, was Hunde wissen müssen, von Ronja lernt.

Die Zeit verging und als Wuffi Wuff ein wenig größer war, holte ihn der Bauer wieder zu sich auf den Hof. Wuffi Wuff saß ganz aufgeregt vorne auf dem Traktor und freute sich darauf, Trippeltrapp wieder zu sehen.

Was war das für eine Begrüßung! Trippeltrapp rannte die Koppel rauf und runter, schnaubte und bockte wie verrückt, indem er alle vier Hufe gleichzeitig in die Luft warf.

Fortan verbrachten Wuffi Wuff und Trippeltrapp jeden Tag miteinander. Sie erlebten ganz viele Abenteuer und trennten sich nur, wenn der Bauer Wuffi Wuff zum Arbeiten brauchte. Er lernte, die Schafe zu hüten, die Kühe in den Stall zu treiben und den Hof zu bewachen. Er war glücklich und Trippeltrapp blieb ein Leben lang sein bester Freund.

Lissy Lustig, die Nervensäge

„Liiiiiiiissssssyyyyy", schallte es durch die Wiesen und Felder. „Liiiiisssssyyyy, komm sofort hierher!", schrie eine Männerstimme.

Doch wer nicht kam, war das kleine Beagle-Mädchen Lissy Lustig, die zwar die vergeblichen Schreie ihres Herrchens hörte, sich aber dachte: „Lass ihn nur schreien. Ich habe Wichtigeres zu tun!", und buddelte weiter auf der Suche nach einem Mäuschen.

Lissy Lustig war eigentlich für Herrchen und Frauchen alles andere als lustig. Sie hatte nur Unfug im Kopf. Sie ging im Feld ihre eigenen Wege und fraß alles, was ihr auf dem Weg begegnete, wie zum Beispiel Kaninchenköttel, Pferdeäpfel und Hundeleckerlis, die andere Hunde fallengelassen hatten.

Zuhause, wo es die leckeren Kaninchenköttel und Pferdeäpfel leider nicht gab, begnügte sie sich mit dem Fischfutter vom Nachbarn, dem Schokoladenpapier aus den Abfallkörben, den Filzstiften von Herrchens Schreibtisch, den Knochen vom Nachbarhund Apollo und den Spinnen, die abends an der Hauswand saßen. Lissys Bäuchlein war nicht zu übersehen.

Aber sie war immer gut gelaunt, vor allem wenn sie die Augen und Nasen von den Puppen ihres Frauchens abnagte, die Fernbedienung zur Garage zerbiss oder die Jacken von der Garderobe runterzerrte. Sie hatte wirklich ein erfülltes Leben.

Kla

„Dieser Hund", brummelte das Herrchen und schnaubte wütend, „kostet mich noch meine letzten Nerven."

Lissy Lustig hatte aufgehört zu buddeln und folgte nun einer Kaninchenspur. Das Leben war doch einfach zu aufregend! Der Geruch wurde immer intensiver. Lange konnte es noch nicht her sein, dass das Kaninchen hier vorbeigehoppelt war. Lissys Schwänzchen mit der weißen Spitze wedelte immer schneller hin und her. Sie konzentrierte sich, um die Spur nicht zu verlieren, ihre Nase war dicht über dem Boden und sie wechselte vom Trab in den Galopp.

Plötzlich schreckte sie hoch.

Vor ihr standen zwei riesige schwarze Stiefel und in den Stiefeln steckte ein Mann in grüner Kleidung. Lissy riss die Augen auf und stellte sofort ihr Nackenfell hoch. Sie bellte diesen komisch aussehenden Mann an und wich dabei ein paar Schritte zurück. Er sah irgendwie nicht so aus, als hätte er Gutes mit ihr im Sinn.

Lissy hatte zum ersten Mal in ihrem Leben Angst.

Langsam holte der Mann etwas von seiner Schulter runter. Er war ein Jäger, der nicht zulassen konnte, dass ein Hund hier frei herumläuft und auch noch jagt. Lissy bellte so laut sie nur konnte.

Der Jäger machte sehr langsame Bewegungen und setzte nun sein Gewehr an die Schulter, um genau auf Lissy zu zielen.

„Das würde ich nicht tun", hörte die Beagle-Hündin eine vertraute Männerstimme rufen. Es war ihr Herrchen. Sie hatte sich wirklich noch nie so gefreut, ihn zu sehen.

Der Jäger schaute auf: „Ist das Ihr Hund?"

„Ja." Lissys Retter stellte sich nun zwischen den Jäger und Lissy.

„Ihr Hund war gerade am Jagen. Ich habe das Recht dazu, ihn zu erschießen."

Im Grunde war aber selbst der Jäger erleichtert, dass er dieses nun nicht mehr tun brauchte, aber er musste ja den Hunde-besitzern klar machen, wer hier das Sagen hat.

„Haben Sie gesehen, dass mein Hund irgendein Beutetier er-wischt hat?", fragte Lissys Herrchen.

„Nein, das nicht, aber sie hatte eine Spur", erzählte der Jäger seine Beobachtungen.

„Okay, dann ist ja im Grunde gar nichts passiert. Ich wünsche Ihnen noch einen schönen Tag", und so drehte sich Lissys Herrchen einfach um und machte Lissy ein Zeichen, dass sie mitkommen solle. Lissy richtete sich in ihrer vollen Größe auf, stellte noch mal ihr Nackenhaar, aber diesmal stand ihre Schwanzspitze kerzengerade in die Höhe. Sie wuffte noch mal, als wolle sie das sichere Auftreten ihres Herrchens unterstreichen.

Der Jäger sicherte währenddessen sein Gewehr und ging seiner Wege.

Lissy Lustig war nun wieder supergut gelaunt und zufrieden trottete sie ihrem Herrchen hinterher. Sie hatte gelernt, dass ihr Herrchen ja doch gar nicht so übel war und ihr Sicherheit und Schutz gab.

Seit diesem Tag hielt sich Lissy immer in Herrchens Nähe auf, aber eines ließ sie sich nicht nehmen: Sie fraß immer noch alles, was ihr auf dem Weg durch das Leben begegnete, wie zum Beispiel Kaninchenköttel, Pferdeäpfel, Hundeleckerlis, die andere Hunde fallengelassen hatten, das Fischfutter vom Nachbarn, Schokoladenpapier aus den Abfallkörben, Filzstifte von Herrchens Schreibtisch, die Knochen vom Nachbarhund Apollo und die Spinnen, die abends an der Hauswand saßen. Und am liebsten nagte sie die Augen und Nasen von den

Puppen ihres Frauchens ab, zerbiss weiterhin die Fernbedienung zur Garage und zerrte immer noch die Jacken von der Garderobe runter.

Ihr Herrchen sah man von Zeit zu Zeit immer wieder seufzend auf den Hund blicken: „Lissy Lustig kostet mich wirklich noch meine letzten Nerven." Doch sofort folgte ein Lächeln, denn er hatte Lissy Lustig so ins Herz geschlossen, dass er sich ein Leben ohne dieses verrückte Beagle-Mädchen mit dem kleinen Bauch nicht mehr vorstellen konnte.

Buddy, der Rettungsschwimmer

„Los, hol das Bällchen", rief Kai seinem Hund Buddy zu, aber der war an diesem Spiel überhaupt nicht interessiert. „Hol das Bällchen, hol das Bällchen, Buddy!" Kai wollte einfach nicht aufgeben. Der Einzige, der das Bällchen immer wieder holte, war er selbst. Buddy saß einfach nur da und sah ihm zu.

„Okay, mein Alter, Du hast für heute gewonnen – ich gebe es auf, mit Dir Ball zu spielen."

Buddy war eine zottelige Promenadenmischung, ziemlich verfressen und ansonsten nicht sehr sportlich. Er liebte es, mit seinem kleinen Herrchen Kai Gassi zu gehen, aber er wollte nun wirklich nicht so einem blöden Ball hinterherjagen. Das war ihm viel zu anstrengend.

Als Buddy nun bemerkte, dass keine weitere Gefahr mehr drohte, sich sportlich zu betätigen, stellte er sich auf und ging schwanzwedelnd zu Kai hinüber. Der schüttelte seinen Kopf: „Ja, ja, ich weiß ja, dass Du der Beste bist, aber ein bisschen Training würde Deiner Figur gar nicht mal so schlecht tun. Ich weiß was: Du bekommst einfach heute Abend weniger Fressen. Vielleicht kannst Du so etwas abspecken."

Buddy hatte nur „Fressen" verstanden und fing gleich freudig an zu bellen. Das hätte er wohl nicht gemacht, wenn er den Sinn von Kais Worten verstanden hätte.

Es war später Nachmittag und so trotteten die beiden nebeneinander Richtung Heimat. Sie gingen den Feldweg entlang, der zu einer kleinen Kiesgrube führte. Im Sommer war es dort immer recht voll. Viele aus dem Ort kamen hierher zum Schwimmen. Im Herbst dagegen war es nahezu menschenleer. Nur die Enten ließen sich nicht von der Kälte vertreiben und hofften mit jedem Spaziergänger auf etwas Futter.

Kai hüpfte durch die Pfützen, so dass es weit nach oben spritzte. Er hatte eine Regenjacke und eine Regenhose an und so konnte ihm das Wasser nichts anhaben.

Plötzlich bemerkte er, dass Buddy gar nicht mehr an seiner Seite war. Kais vierbeiniger Kumpel war zurückgeblieben und starrte auf irgendetwas im See. „Buddy, komm doch her", rief Kai zu ihm rüber. Doch anstatt zu kommen, blieb Buddy wie angewurzelt stehen und fing nun zu bellen an.

„Was ist denn los?", fragte Kai und bewegte sich langsam in Buddys Richtung.

Als er näher kam, bemerkte der Junge, dass sich eine Ente in einem Netz verfangen hatte. Sie strampelte und konnte sich einfach nicht befreien. „Ui, was machen wir denn jetzt?" Kai schaute sich um, ob er irgendwo Hilfe entdecken konnte. Es war niemand zu sehen, aber er entdeckte einen langen Ast. Der Ast war schwer, aber er schaffte es, ihn bis über den Uferrand hinauszuschieben. Leider erreichte er das Netz damit nicht.

„Buddy, wir müssen der Ente doch irgendwie helfen?"

Buddy sprang mittlerweile aufgeregt am Uferrand entlang, aber er war noch nie geschwommen und hatte Angst vorm Wasser. Kai wusste das und kam daher gar nicht auf die Idee,

Buddy ins Wasser zu schicken, sondern entschied, selbst die Ente zu retten.

Das Wasser an dieser Stelle war ganz schön tief. Aber er fasste sich ein Herz, zog schnell seine Gummistiefel aus und glitt langsam ins kühle Nass.

„Oh Mist, das ist vielleicht kalt", stöhnte er auf und versuchte dabei, ruhig zu atmen. Mit gleichmäßigen Zügen schwamm er zur Ente, die allerdings nicht begriff, dass Kai ihr helfen wollte. Sie flatterte ganz aufgeregt und versuchte, sich selbst aus diesem Netz zu lösen. Kai tauchte unter und versuchte, ihren Fuß aus dem Netz zu befreien. Es misslang immer wieder, weil die Ente zu sehr strampelte. Kai ging so langsam die Puste aus und das kalte Wasser machte ihm zu schaffen.

Plötzlich war die Ente frei. Ob er dazu beigetragen oder sie es selbst geschafft hatte, wusste er nicht, aber das Problem war nun, dass er sich selbst im Netz verfangen hatte.

„Buddy, hilf mir", schrie er verzweifelt, schluckte dabei Wasser und fing an zu husten. Das Netz zog ihn in seiner schweren, nassen Kleidung immer wieder unter Wasser. Er hatte keinen Halt und bald auch keine Kraft mehr, seinen Kopf über der Wasseroberfläche zu halten.

„Buddy, komm her", schrie er weiter. Seine einzige Hoffnung war, dass sein Hund die Angst vor dem Wasser überwand, und Buddy ihm Halt gab.

Mit seiner rechten Hand versuchte er verzweifelt, seinen Fuß aus dem Netz zu lösen. Aber es schien aussichtslos.

Kai fing an zu weinen: Buddy würde nie ins Wasser kommen. Er hatte einfach zu viel Angst. Als Kai das bewusst wurde, spürte er plötzlich einen kalten Gegenstand unter seinem Ohr.

Buddys Nase! Buddy war da!

Er war doch tatsächlich ins Wasser gesprungen und schwamm nun neben ihm. Kai versuchte, sich an Buddy festzuhalten, aber der wehrte ihn immer wieder ab, so als hätte er selbst eine bessere Idee.

Kai ließ ihn gewähren und sah, wie er das Netz in sein Maul nahm, umkehrte und in Richtung des Ufers schwamm. Es schien Kai so, als käme Buddy keinen Zentimeter voran. Doch dann auf einmal merkte er, dass sie sich samt Netz bewegten: „Ja, Buddy, zieh. Du schaffst es.“

So gut er konnte, versuchte Kai ihm zu helfen, indem er selbst Schwimmbewegungen machte.

Es dauerte über fünf Minuten, bis sie das Ufer erreichten. Kai hatte nun wieder Boden unter den Füßen. Buddy war mittlerweile nicht mehr im Wasser und schüttelte sich kräftig. Er blickte auf Kai, um festzustellen, ob dieser sich nun selbst befreien konnte. Kai konnte nun problemlos seinen Fuß aus dem Netz ziehen. Jetzt, wo er auf dem Grund stand, ging das kinderleicht.

Er krabbelte ebenfalls an Land und rang nach Luft. Dann drehte er sich zu Buddy um, der ihn glücklich anschaute, und nahm ihn ganz fest in den Arm. „Buddy, Du bist megaklasse! Vielen, vielen Dank!“

Nach einer kleinen Ewigkeit löste er sich von seinem Hund, schaute ihm in die Augen und sagte: „Weißt Du eigentlich, dass Du ein richtiger Rettungsschwimmer eben warst? Ich glaube, das gibt eine Extra-Portion Fressen heute Abend."

Buddy, der wohl faulste Hund, aber beste Rettungsschwimmer der Welt, hatte wieder nur „Fressen" verstanden und fing freudig an zu bellen.

So langsam wurde es ja auch Zeit, dass er sein Fressen bekommt, und so trotteten beide endlich nach Hause. Ein aufregender Tag neigte sich dem Ende zu. Was die beiden wohl morgen beim Gassigehen erleben werden?

Lucky, der Glückspilz

„Nummer Eins, Zwei, Drei und Vier, angetreten", bellte die wunderschöne Labradorhündin ihren Kindern entgegen. „Es ist Besuchszeit. Vielleicht bekommt Ihr heute ein neues Zuhause."

„Och Mama, wir spielen doch gerade so schön", jammerte Nummer Vier.

„Ich weiß, aber jetzt ist Schluss. Es ist wichtig für Euer zukünftiges Leben. Also benehmt Euch jetzt anständig und folgt mir."

Alle vier Kinder – es waren alles Jungs – folgten ihrer Hundemama nun ohne weitere Widerworte und waren schon fast neugierig, was sie gleich erwarten würde.

Als erstes begrüßte ihr Herrchen eine sehr vornehme Dame. Sie machte einen freundlichen Eindruck, aber roch sehr stark nach Parfum und hatte an jedem Finger einen Diamantring.

„Oh, ist der aber schön", trällerte sie mit hoher Stimme und zeigte auf Nummer Eins. „Du meine Güte, mit diesem Hund sind Preise zu gewinnen und außerdem wird er später der passende Partner für meine Hündin Prinzessin sein."

Nummer Eins fühlte sich geschmeichelt und lief der Dame entgegen. Das freute diese umso mehr und die Entscheidung war gefallen: „Ja, er ist der Richtige. Herzlich willkommen, mein Goldkind. Dir wird mein Anwesen gefallen." Sie ging dabei in die Hocke, um ihn besser streicheln zu können. Nummer Eins leckte ihr über die Hand. Er war der Erstgeborene und wirklich ein wunder-, wunderschöner Hund.

Dennoch ein wenig verlegen, schaute er sich nun zu seiner Mama und zu seinen Brüdern um. Er konnte sehen, wie stolz seine Mutter auf ihn war, und dass seine Brüder sich für ihn freuten.

Er lief noch mal kurz zu ihnen zurück, leckte allen über die Schnauze und verabschiedete sich: „Ihr Lieben, ich werde die Welt bereisen, um meine Schönheit auf Ausstellungen zu zeigen. Ich werde Preise erringen und später viele Hundekinder zeugen, die mindestens genauso schön sind wie ich. Ich habe es wohl sehr gut getroffen."

Seine Mutter nickte ihm zu und schleckte ihn ein letztes Mal. „Ach, es ist immer wieder traurig, sich von den Kindern zu trennen", dachte sie.

Zu Nummer Eins sagte sie: „Du hast es gut getroffen, mein Schatz. Ich wünsche Dir alles erdenklich Gute und viel Erfolg in Deinem zukünftigen Leben."

Dann nahm die feine Dame Nummer Eins auf den Arm und trug ihn davon.

Ein wenig betreten saßen Nummer Zwei, Drei und Vier auf dem Boden und schauten ihrem Bruder hinterher. Gerade hatten sie noch mit ihm gespielt und nun war er einfach so weg. Aber es würde ihm ja sehr gut gehen und das freute sie auch.

Dann kam ein Mann mit einer blauen Uniform. Er war Polizist und suchte einen Hund, der ihn bei seiner Arbeit begleiten sollte.

„Na, wer von Euch hat Lust, mein Partner zu werden?"

Nummer Zwei, Drei und Vier sprangen ihm entgegen. Bei der Polizei ist es bestimmt immer aufregend und spannend. Wie schön wäre es, einen Verbrecher fangen zu können! Nummer Zwei, der Zweitgeborene, war der Sportlichste unter ihnen und somit am schnellsten bei dem Polizisten.

„Hallo mein Kleiner, Du scheinst ja ganz schön fit zu sein, dass Du Deine Brüder so abhängen kannst. Dich werde ich wohl nehmen."

Nummer Zwei freute sich wie verrückt und sprang an dem Polizisten hoch.

Fast hätte er vergessen, sich zu verabschieden, aber es fiel Nummer Zwei gerade noch zur rechten Zeit ein.

„Meine liebe Mama, meine lieben Brüder, ich werde Polizist und für das Gute kämpfen. Ich bin so sportlich, dass mir der Polizeidienst eine wahre Freude sein wird. Es gibt eine sehr wichtige Aufgabe in meinem Leben und mir wird es niemals langweilig werden. Spannung und Nervenkitzel werden mich begleiten. Ich denke, ich habe es gut getroffen."

„Ja, meine kleine Sportskanone. Das ist genau das Richtige für Dich. Ich wünsche Dir viel Erfolg in Deinem zukünftigen Leben und sei vorsichtig, dass Dir nichts passiert."

So verabschiedete sich Nummer Zwei von seiner Mama und von seinen Geschwistern, wirbelte herum und rannte so schnell er konnte auf sein neues Herrchen zu.

Jetzt waren die Labradorhündin sowie Nummer Drei und Nummer Vier wirklich traurig. Innerhalb von 30 Minuten hatten sie sich von zwei Geschwistern trennen müssen, aber es freute sie letztendlich doch, dass es beide Hundewelpen so gut getroffen hatten.

Es dauerte nicht lange und da klingelte es wieder an der Tür. Nummer Vier beschäftigte sich gerade mit einer Fliege, die um seine Nase herumsummte und nahm den neuen Besuch kaum wahr. Aber Nummer Drei saß aufrecht und erwartungsvoll neben seiner Hundemama und schaute den Besuch an. Es war eine Hundetrainerin, die so gut nach ganz vielen, anderen Hunden roch. Nummer Drei blieb ruhig sitzen und schaute sie aufmerksam an. Die Hundetrainerin nahm ein Leckerli aus ihrer Tasche und rief mit ganz hoher Stimme: „Huuiiiiiiiiii, komm hiiieeeer."

Nun hielt es Nummer Drei nicht mehr im Sitzen aus. Diese freundliche Stimme, das Leckerli und der gute Duft nach anderen Hunden – er musste einfach losrennen und zu ihr hin. Sie gab ihm das Leckerli und freute sich überschwänglich.

„Feeeeiiiiin gemacht, ganz toll. Du bist ja ein ganz Schlauer. Weißt Du, mein Kleiner, ich bilde Blindenhunde aus. Du wirst

die Augen sein für Menschen, die nicht mehr sehen können."
Ui, das haute Nummer Drei, der als Dritter auf die Welt
kam und der Intelligenteste von seinen Brüdern war, ja nun
wirklich um. Besser hätte er es nicht treffen können. Das war
eine sinnvolle Aufgabe und er freute sich ganz doll darauf.

„Na, lauf zu Deiner Mama und zu Deinem Bruder und
verabschiede Dich", rief die Hundetrainerin ihm freundlich
zu.

Nummer Drei rannte zurück und sprang voller Freude auf
Nummer Vier, zwickte ihm freundlich in sein Ohr und stupste
noch mal seine Hundemama an die Schnauze.

„Ich glaube, ich habe es auch sehr gut getroffen. Ich werde
mein Köpfchen schon ganz schön anstrengen müssen, um alles
zu lernen, was ein Blindenhund können muss. Ich trage eine
sehr große Verantwortung und werde mein Leben nicht nur
mit einem blinden Menschen teilen, sondern ihm ein normales
Leben überhaupt erst ermöglichen."

„Ja, mein kluger Schatz. Etwas Besseres hätte ich mir für
Dich nicht wünschen können. Ich wünsche Dir viel Erfolg
und alles Gute für Dein zukünftiges Leben. Sei gelehrig und
treffe immer die richtigen Entscheidungen."

Jetzt war Nummer Vier aber sehr, sehr traurig. Alle seine
Brüder waren weg und nur er war übrig geblieben. Er fühlte
sich wie ein Versager, ein Taugenichts. Seine Brüder hatten alle
ein so schönes Zuhause gefunden – und er? Er blieb alleine

zurück und würde wohl immer bei seiner Mama bleiben. Er kuschelte sich ganz fest an seine Hundemama und seufzte laut vor sich hin, bevor ihn der Schlaf übermannte. Die Besuchszeit war ohnehin um und daher konnte man mit keinen weiteren Gästen rechnen.

Doch es klingelte wieder und herein trat eine dreiköpfige Familie.

„Ooooh, ist der süß", rief das kleine Mädchen und kniete sich sofort auf den Boden. „Du wirst mein kleiner Lucky sein."

Nummer Vier öffnete ein Auge und blinzelte dieses kleine Menschenkind an. Er seufzte wieder und schaute an seiner Hundemama hoch.

„Lucky, das ist ein schöner Name", sagte die Hündin freundlich zu ihm. „Weißt Du, was das heißt? Es ist englisch und bedeutet ‚glücklich'. Schau Dir diese Familie an, wie sie sich freuen, Dich bei ihnen aufzunehmen."

„Aber Mama", erwiderte Nummer Vier, „wie kannst Du da stolz auf mich sein? Ich bin dann nur ein ganz normaler Familienhund. Schau Dir meine Brüder an: Nummer Eins ist der Schönste, Nummer Zwei der Sportlichste und Nummer Drei der Intelligenteste von uns. Und ich? Ich bin nur als Familienhund zu gebrauchen."

Nummer Vier kuschelte sich fester an seine Mama und dachte nicht im Traum daran, dieser Familie entgegen zu laufen. Er war müde und traurig und wollte einfach nur noch seine Ruhe haben.

„Lucky", vernahm er wieder die Stimme seiner Mama „Du hast es am besten von all meinen vier Kindern getroffen. Du darfst Hund sein und diese Familie wird Dein Rudel sein. Das Menschenkind wird mit Dir spielen und Gassi gehen. Ihr werdet gemeinsam Eure kleine Welt entdecken. Du hast in diesem Mädchen eine wahre Freundin gefunden. Sie wird sich um Dich kümmern, Dein Fell pflegen, Dich lieb haben und immer in Deiner Nähe sein. Sie wird Dir ihre geheimsten Geheimnisse erzählen, sich in Dein Fell kuscheln, wenn sie mal traurig ist und sich mit Dir freuen, wenn Ihr beide etwas Schönes erlebt habt. Vertraue mir, ich spüre es, dass sie Dich nie im Stich lassen wird. Sei stolz darauf, ein Familienhund zu sein, denn Dir wird eine Freundschaft zuteil, die das Schönste auf der ganzen Welt ist. Lucky, Du bist ein Glückspilz!"

Nummer Vier oder Lucky, wie er jetzt hieß, stupste seiner Mama noch mal an die Schnauze. „Danke, Mama. Du bist die Beste. Auf Wiedersehen."

Noch etwas zögerlich ging er auf das kleine Menschenkind zu, welches schon etwas traurig auf dem Boden kauerte, weil der kleine Hund sie nicht beachtete.

Jetzt erhellte sich ihr Gesicht und sie rief: „Hallo Lucky, ja komm her."

Lucky lief nun schwanzwedelnd auf sie zu und beschnupperte sein kleines Frauchen freundlich. „Mama, Mama, schau, wie lieb er ist. Lucky wird mein allerbester Freund werden."

8 Lösungen

Seite 11

Die Stadt heißt Rom.

Seite 15

1 Der Hund stammt vom Wolf ab.

2 b) ist richtig

3 Eine Wölfin rettete die beiden Kinder.

4 Die Stadt heißt Rom.

5 Vor cirka 14.000 Jahren.

6 Eiszeit

7 Spielkamerad und Windelersatz für Kinder, Aufpasser (Babysitter), „Wärmflasche", „Mülleimer" und leider auch selbst ein Nahrungsmittel

8 b) und c) sind richtig

Seite 46

1J; 2F; 3A; 4I; 5B; 6E; 7C; 8G; 9D; 10H

Mit dem Kauf dieses Buches wird die lebenslange Nachbetreuung
von Frieda und Fellow, sowie die von anderen VITA-Teams unterstützt.
VITA sagt Danke.

www.vita-assistenzhunde.de